NOTICE NÉCROLOGIQUE

—

M. L'ABBÉ DOBIGNY

M. L'ABBÉ DOBIGNY

CURÉ DE CORBEIL

1875-1885

CORBEIL

IMPRIMERIE J. CRÉTÉ

—

1885

M. L'ABBÉ DOBIGNY

Ego sum resurrectio et vita.
Je suis la résurrection et la vie.
(Saint Jean, XI, 25.)

Le 10 novembre 1885 sera une date à jamais
mémorable dans les annales de Corbeil : jour de
deuil, où l'on pouvait admirer l'empressement, le
recueillement le plus religieux.

La cité pleurait son pasteur, qu'accompagnait
un nombre considérable d'amis payant la dette
du souvenir et de la reconnaissance.

On célébrait les funérailles de M. l'abbé Louis-
Auguste-Victor Dobigny, curé-archiprêtre de
Corbeil, missionnaire apostolique, chanoine honoraire de Versailles et de Nancy, ancien secrétaire de Mgr Foulon, archevêque de Besançon,
rappelé à Dieu le 8 novembre dans la soixante-

quatrième année de son âge et la quarantième de son sacerdoce.

Ses obsèques furent un véritable triomphe. Les affections les plus franches que lui avaient assurées la sincérité de son amitié, son esprit conciliant, sa miséricorde sacerdotale, éclatèrent en ce jour.

Les élèves des quatre écoles de la ville, l'institution Clavier, le pensionnat de la Sainte-Enfance, la Confrérie de la Paroisse, la communauté des sœurs de l'hôpital Galignani ouvraient le cortège.

La cérémonie était présidée par M. l'abbé Groux, vicaire général, remplaçant Monseigneur l'Evêque ; 85 prêtres l'accompagnaient, parmi lesquels : MM. Beaumont et Gallet, chanoines titulaires, les archiprêtres de Rambouillet, de Mantes, d'Etampes et de Pontoise, les doyens d'Angerville, de Dourdan, d'Arpajon, de la Ferté-Alais, de Longjumeau, de Saint-Arnoult, etc,. M. le chanoine Barbé, curé d'Orsay, élève du regretté défunt au Perray, un groupe d'anciens vicaires de Corbeil.

On remarquait en outre la phalange des jeunes séminaristes qui avaient obtenu la faveur de venir avec leur vénéré supérieur rendre les derniers devoirs à leu bienfaiteur.

M. le Sous-Préfet, M. le Maire, M. le Président du Tribunal, M. le Président du conseil de Fabrique tenaient, avec M. l'abbé Parent, curé-archiprêtre de Rambouillet, et M. l'abbé Hureau, curé-archiprêtre de Mantes, les cordons du poêle.

Le deuil était conduit par M. l'abbé Colas et M. l'abbé Picqueret-Dudonné, vicaires du regretté archiprêtre.

Puis venaient le conseil de Fabrique, la conférence de Saint-Vincent de Paul, le Conseil municipal, les membres du conseil d'administration du bureau de bienfaisance, de l'hôpital et de l'orphelinat Galignani, de la maison d'arrêt et de correction, de la délégation cantonale dont M. le curé faisait partie.

Les différentes sociétés dont il était membre honoraire s'étaient jointes au cortège.

M. l'abbé Tapie, directeur du petit séminaire de Notre-Dame des Champs, chanoine honoraire de Nancy et de Besançon, au nom de Mgr Foulon ; Sœur Picqueret-Dudonné, supérieure des filles de la Charité à Saint-Sulpice, au nom de la famille du premier maître de M. Dobigny ; de nombreux amis venus de tous côtés, s'étaient réunis aux notables de la ville, et à la plus grande partie de la cité qui semblait avoir envoyé des représentants de toutes ses familles.

Les chants et les cérémonies s'exécutèrent avec un ensemble et un goût admirés de tous. Le grand orgue était tenu par M. Lemasson, notaire à Villeneuve-Saint-Georges.

A l'église et sur tout le parcours du cortège, la compagnie des sapeurs-pompiers avait vingt de ses membres pour faire escorte, et la fanfare municipale fit entendre une élévation, et des marches funèbres, dont les notes pleines de tristesse étaient comme l'écho du deuil de l'assistance.

Avant l'absoute M. l'abbé Marchand, curé de Saint-Symphorien à Versailles, a retracé dans quelques traits émus la vocation du lévite, le zèle du prêtre, l'amour des brillantes solennités, de l'ornement et de la décoration du temple, quand il ne s'agissait pas de sa reconstruction comme à Gagny, que possédait à un si haut degré le vénérable archiprêtre. *Zelus domus tuæ comedit me.* « Le zèle de la maison de Dieu me poursuit toujours. » (Ps. LXVIII, 10.)

Il fit ressortir aussi les qualités de cœur du défunt, qui lui vouait depuis cinquante ans l'amitié la plus étroite.

« Il est mort et ses œuvres parlent toujours; sa foi, son dévouement, sa charité nous rappelleront à jamais nos devoirs : *Defunctus adhuc loqui-*

tur (Hebr. xi, 4). « Il n'est plus et il continue parmi nous ses enseignements. »

Après la levée du corps, le cortège, en souvenir de respectables usages, avait fait comme le tour de la paroisse afin que le défunt adressât un dernier adieu à la portion de son héritage. Et l'on aurait pu remarquer, rendant l'adieu suprême d'abord, Saint-Nicolas, plus loin Saint-Léonard et Saint-Jacques, comme, en se dirigeant vers le cimetière, Notre-Dame, les chapelles du petit Saint-Jean de l'Ermitage et de l'Hôtel-Dieu, Saint-Jean en l'île plus heureux, se tenant comme Saint-Spire, encore debout, Saint-Guenault naguère fier encore, la Sainte-Chapelle et Sainte-Geneviève des Récollets, anciennes paroisses ou églises de Corbeil.

Quand M. l'abbé Vié, curé-archiprêtre de Saint-Maclou de Pontoise, eut terminé les dernières prières, M. Dufour, secrétaire du conseil de fabrique, s'approchant de la tombe, prononça les paroles suivantes :

Messieurs,

Il était dû à une voix plus éloquente et plus autorisée que la mienne de prononcer, au nom du Conseil de fabrique, les paroles de suprême adieu sur la tombe si rapidement ouverte du regretté curé de Corbeil. Une indisposition de notre cher et respecté Président le contraint à renoncer à ce douloureux devoir, et m'impose à moi, faible et inexpérimenté dans l'art difficile de la parole, l'obligation de le remplacer.

Il y a huit jours à peine, M. Dobigny venait ici même, dans cette nécropole, entouré d'une foule imposante et respectueusement émue, prononcer les prières consacrées sur les restes de nos ancêtres recueillis dans l'ancien cimetière de Saint-Léonard. Profondément miné par le terrible mal qui devait nous l'enlever si rapidement, notre cher Pasteur avait dû faire un immense effort pour accomplir ce pieux devoir ; il en ressentit une grande satisfaction, mais, hélas ! cet effort devait être le dernier, car, le soir même, il s'alitait, terrassé par le mal qui, chez lui, tarissait sourdement et sans relâche les sources de la vie. Ce mal fit des progrès si effrayants, si rapides que beaucoup parmi nous ont appris le dénouement fatal avant d'avoir su la maladie, et notre regretté pasteur expirait dimanche, pendant la grande messe, à laquelle, pour la première fois, il n'assista pas.

L'abbé Dobigny était un enfant de Paris, où il était né le 25 août 1822. Élève des deux séminaires de Versailles, il avait su y conquérir l'estime et l'affection de ses supérieurs ainsi que de ses condisciples. Ordonné prêtre le 31 mai 1846, M. le curé de Saint-Eustache, qui ne l'oublia point, l'invita à chanter sa première messe dans son Eglise, sa paroisse natale.

Sa longue carrière sacerdotale se passa tout entière dans ce diocèse auquel il demeura si profondément attaché.

Tour à tour curé de Soisy-sous-Montmorency[1], du Perray[2], dans l'arrondissement de Rambouillet, de Flins[3], dans celui de Mantes, de Gagny[4], dans celui de Pontoise, de Bougival[5] et de Luzarches[6], il n'a laissé partout que des regrets et le souvenir du bien qu'il y a fait, et nous sommes assurés que le triste écho de la cérémonie funèbre à laquelle nous assistons, trouvera un douloureux retentissement dans le cœur de tous ses anciens paroissiens.

Chassé par les Prussiens de son presbytère de Bougival, il se réfugie à Saint-Germain-en-Laye, tout près de sa paroisse, sur laquelle il pouvait ainsi veiller encore.

[1] 21 juin 1846.
[2] 8 octobre 1854.
[3] 9 juillet 1856.
[4] 15 novembre 1863.
[5] 2 août 1868.
[6] 14 avril 1872.

On n'a point oublié ce triste et sanglant épisode de l'invasion dont l'infortuné Debergue, jardinier à Bougival, fut le héros et la victime. Ce malheureux, obéissant sans raisonner aux plus nobles instincts du patriotisme, coupait les fils du télégraphe pour intercepter les communications de l'ennemi. Découvert, il s'avoue coupable et se déclare prêt à recommencer. On le prend pour un fou, on le laisse aller et, aussitôt, il recommence; arrêté de nouveau, il est condamné à mort. Mais l'abbé Dobigny sait ce qui se passe à Bougival, et, sans souci du danger qu'il peut courir en revenant dans la commune d'où il avait été expulsé, il accourt auprès de son paroissien; ne pouvant lui sauver la vie, il veut sauver son âme, il l'exhorte, le console, l'encourage et ne le quitte que quand le fatal sacrifice est consommé.

Ce sont là, Messieurs, de ces traits qui honorent une existence, et qui ne sont pas rares dans la vie, toute de sacrifices et de dévouement, des ministres de notre sainte religion.

Mgr Foulon, appelé à l'évêché de Nancy, choisit M. Dobigny, alors curé de Gagny, et qu'il honorait d'une amitié profonde, pour remplir auprès de lui les intimes fonctions de secrétaire; il ne les conserva que deux années environ, son dévouement et sa charité ne trouvant pas là un théâtre assez large pour pouvoir s'y développer en toute liberté. L'éminent prélat avait si bien apprécié celui que nous pleurons qu'à la nouvelle de sa mort, il écrivait au premier vicaire de notre paroisse les lignes suivantes reçues hier :

« Ce n'est pas à vous qu'il faut apprendre de quelles remarquables qualités de cœur il était doué ; notre amitié était de celles que la mort seule peut rompre. Il a plu à Dieu de nous séparer ici-bas, que sa sainte volonté soit faite, mais la séparation ne sera pas l'oubli. »

Devant un témoignage si autorisé et venant de si haut, tout ce que je pourrais ajouter serait superflu ; je ne vous parlerai donc pas d'un autre prélat, l'évêque d'Orléans, qui, lui aussi, honorait notre digne curé d'une particulière affection et qui, hier encore, adressait à l'un de nos vicaires une lettre empreinte de regrets et d'émotion ; j'ai hâte, en effet, pour ne pas abuser de votre bienveillance, d'arriver aux années que l'abbé Dobigny a passées parmi nous.

Nommé curé de Corbeil par la confiance et l'estime de Monseigneur l'évêque de Versailles, il arrive dans notre ville le 24 octobre 1875, et, se présentant devant notre premier magistrat, il lui dit : « Me voici, je viens pour vivre et mourir à Corbeil. » Et il a tenu parole, et pendant ces dix années bien complètes et trop courtes qu'il a passées parmi nous, il s'est fait nôtre; il nous a prodigué, sans compter, son temps, ses forces, sa vie même, jusqu'au jour où, succombant à la peine, il s'est éteint au milieu de nous, ainsi qu'il l'avait promis.

Il ne m'appartient point de soulever ici le voile derrière lequel il cachait ses œuvres charitables et, sans parler non plus de ses créations utiles comme l'œuvre des mères chrétiennes et l'œuvre de Saint-Vincent de Paul qui rendent tant de services, je rappellerai la sollicitude qu'il manifestait sans cesse pour ses paroissiens, sa constante préoccupation d'augmenter l'éclat de nos solennités religieuses et, par dessus tout, son grand amour pour son église, notre antique collégiale de Saint-Spire. N'ayant plus de famille, notre respecté pasteur concentrait toutes ses affections sur ce vénérable édifice; il lui consacrait toutes ses ressources et il lui arrivait même souvent de les dépasser.

Aussi est-il mort pauvre; le dire, c'est encore faire son éloge.

Que n'a-t-il pas fait pour orner et embellir sa chère église ? Est-il nécessaire de rappeler que c'est à son initiative et à ses démarches que nous devons le rétablissement du grand orgue, détruit en 1871 par la soldatesque prussienne ; l'éclairage au gaz de toute l'église ; l'entourage de l'édifice par des grilles élégantes qui, en concourant à son ornementation extérieure, le protègent contre les souillures de la voie publique ; et surtout l'établissement de ce calorifère ingénieux qui, répandant par toute l'église une chaleur égale et douce, en rend le séjour agréable et sain pendant l'hiver ?

Non, messieurs, tous ces travaux pour lesquels notre regretté curé a dépensé, sans compter, son temps et son argent, sans calculer davantage ses peines, ses fatigues, sa santé compromise, ces travaux, dis-je, sont connus et présents à la mémoire de tous.

Nous remplissons donc un devoir de reconnaissance en honorant la mémoire de l'abbé Dobiguy, et nous pouvons hautement affirmer qu'il a poursuivi et continué sans relâche l'œuvre de son devancier, l'abbé Girard que nous avons tant aimé et que nous pleurerons toujours. Ces deux dignes pasteurs de notre chère cité vont reposer désormais l'un près de l'autre, et les habitants de Corbeil, ceux qui savent se souvenir, viendront prier et pleurer sur ces tombes voisines et uniront dans un pieux souvenir d'abnégation et de dévoûment les mémoires de l'abbé Girard et de l'abbé Dobiguy. Aussi avons-nous la confiance qu'un jour, qui ne saurait tarder, nos concitoyens sauront manifester leur reconnaissance envers le curé Dobigny par l'érection d'un monument durable, comme ils l'ont fait pour le regretté curé Girard.

Adieu, cher pasteur, du haut du ciel où vous trouvez la récompense de vos vertus, vous prierez pour nous qui vous regrettons, pour nous qui, les larmes dans les yeux, répétons les touchantes paroles de votre illustre ami : « La séparation ne sera pas l'oubli ! »

Puis la foule émue se dispersa, gardant pieusement le souvenir de cette imposante et touchante cérémonie, juste hommage rendu à la mémoire et aux vertus d'un homme de bien.

Qu'elle est grande, cette religion qui honore ainsi ses morts ! Comme elle sait adoucir la tristesse : consolez-vous, nous dit-elle, il n'est plus ici, mais ne pourriez-vous pas le revoir dans le ciel ? « *Ego sum resurrectio et vita.* »

5206-85 — CORBEIL. Typ. et stér. CRETE

9 782329 507651